BEI GRIN MACHT SICH IHR WISSEN BEZAHLT

- Wir veröffentlichen Ihre Hausarbeit, Bachelor- und Masterarbeit

- Ihr eigenes eBook und Buch - weltweit in allen wichtigen Shops

- Verdienen Sie an jedem Verkauf

Jetzt bei www.GRIN.com hochladen und kostenlos publizieren

Bibliografische Information der Deutschen Nationalbibliothek:

Die Deutsche Bibliothek verzeichnet diese Publikation in der Deutschen Nationalbibliografie; detaillierte bibliografische Daten sind im Internet über http://dnb.d-nb.de/ abrufbar.

Dieses Werk sowie alle darin enthaltenen einzelnen Beiträge und Abbildungen sind urheberrechtlich geschützt. Jede Verwertung, die nicht ausdrücklich vom Urheberrechtsschutz zugelassen ist, bedarf der vorherigen Zustimmung des Verlages. Das gilt insbesondere für Vervielfältigungen, Bearbeitungen, Übersetzungen, Mikroverfilmungen, Auswertungen durch Datenbanken und für die Einspeicherung und Verarbeitung in elektronische Systeme. Alle Rechte, auch die des auszugsweisen Nachdrucks, der fotomechanischen Wiedergabe (einschließlich Mikrokopie) sowie der Auswertung durch Datenbanken oder ähnliche Einrichtungen, vorbehalten.

Impressum:

Copyright © 2017 GRIN Verlag
Druck und Bindung: Books on Demand GmbH, Norderstedt Germany
ISBN: 9783668810938

Dieses Buch bei GRIN:

https://www.grin.com/document/443005

Julia Eberle

Intervention zur Stressbewältigung für Mitarbeiterinnen und Mitarbeiter im Rahmen einer betrieblichen Gesundheitsförderung

Am Beispiel einer Physiotherapiepraxis

GRIN Verlag

GRIN - Your knowledge has value

Der GRIN Verlag publiziert seit 1998 wissenschaftliche Arbeiten von Studenten, Hochschullehrern und anderen Akademikern als eBook und gedrucktes Buch. Die Verlagswebsite www.grin.com ist die ideale Plattform zur Veröffentlichung von Hausarbeiten, Abschlussarbeiten, wissenschaftlichen Aufsätzen, Dissertationen und Fachbüchern.

Besuchen Sie uns im Internet:

http://www.grin.com/

http://www.facebook.com/grincom

http://www.twitter.com/grin_com

Deutsche Hochschule für
Prävention und Gesundheitsmanagement
Hermann Neuberger Sportschule 3
66123 Saarbrücken

Einsendeaufgabe

Fachmodul:	Stressmanagement 1
Studiengang:	Master Prävention- und Gesundheitsmanagement
Name, Vorname:	Eberle, Julia-Angelika
Studienort:	**Saarbrücken**
Semester:	**WS 2017**

Inhaltsverzeichnis

1. BESCHREIBUNG UNTERNEHMEN UND BELASTUNGEN 3

1.1. Unternehmen 3

1.2. Belastungsfaktoren 4

2. BEFRAGUNG ZUR STRESSBELASTUNG 6

2.1. Messinstrument 6

2.2. Durchführung der Befragung 8
    2.2.1. Vorbereitung 8
    2.2.2. Durchführung 9
    2.2.3. Auswertung 10

3. KONZEPTION DER MAßNAHME 10

3.1. Das Multimodale Stressmanagement 10
    3.1.1. Multimodales Stressmanagement nach Kaluza 12

3.2. Multimodales Stressmanagement in der Physiotherapiepraxis 14

4. ÜBERPRÜFUNG DER WIRKSAMKEIT 23

4.1. Der Untersuchungsplan 23

4.2. Evaluation und Qualitätssicherung 26

5. LITERATURVERZEICHNIS 31

6. ABBILDUNGS- UND TABELLENVERZEICHNIS 33

6.1. Abbildungsverzeichnis 33

6.2. Tabellenverzeichnis 33

1. Beschreibung Unternehmen und Belastungen

Die folgende Arbeit beschäftigt sich mit dem Thema der Einführung einer Intervention, zur Stressbewältigung für Mitarbeiterinnen und Mitarbeiter, im Rahmen einer betrieblichen Gesundheitsförderung. Potthast et al. (2018, S. 151) beschreiben das nach Rohnert & Rutnefranz (1975) erstellte Belastungs-Beanspruchungs-Modell. Darin werden die Zusammenhänge zwischen der Arbeitssituation und der Wirkung auf die arbeitende Person beschrieben. Weiter erläutern Potthast et al. (2018, S. 151), dass man Belastungen als Einwirkungsgrößen bei der Arbeit versteht und Beanspruchungen als Auswirkung beim Menschen betrachtet werden. Der Normgeber DIN EN ISO 6385 Teil 3 definiert den Begriff der Belastung und Beanspruchung wie folgt: „Arbeitsbelastung ist die Gesamtheit der äußeren Bedingungen und Anforderungen im Arbeitssystem, die auf den physiologischen und / oder psychologischen Zustand einer Person einwirken" (Potthast et al., 2018, S. 151). Somit wird eine Belastungs- und Beanspruchungsanalyse notwendig, um die Anforderungen zu erkennen und die Mitarbeiter darauf abzustimmen (Potthast et al., 2018, S. 151).

1.1. Unternehmen

Im folgenden wird, die im Jahr 2005 gegründete Physiotherapiepraxis erläutert. Zugehörig zur Praxis sind neben dem Geschäftsführer 12 weitere Beschäftigte. Davon sind acht in Fest- und vier in Teilzeit angestellt. Alle Beschäftigten der Praxis haben den Beruf als Physiotherapeut erlernt. Dieser Beruf hat seine Klassifikation als Dienstleistung im Gesundheitsbereich. Jeder Therapeut hat den gleichen Arbeitsbereich und die gleichen Arbeitsbedingungen.

Die Praxis hat ihren Standpunkt integriert in einem Fitnessclub. Der Club und das dazugehörige Gebäude wurden 2005 neu gebaut. Somit hatte der Geschäftsführer die Möglichkeit, die Räumlichkeiten eigens auf eine therapeutische Praxis auszulegen. Mit 120 qm verfügt die Praxis über einen Empfangsbereich, Gästetoiletten, sechs Behandlungskabinen, Personalraum und einen Massageraum.

Die Öffnungszeiten der Praxis sind montags bis donnerstags von 8.00 - 19.00 Uhr. Freitags und Samstagstags jeweils von 9.00 - 15.00 Uhr. In der Praxis wird ausschließlich nach Terminen gearbeitet. Für einen Behandlungstermin haben die Beschäftigten 20 Minuten Zeit. Die tägliche Mittagspause hat einen Rahmen von 30 Minuten. Für diese Zeit wird die Praxis nicht geschlossen. Die Einteilung der Pause ist so gestaltet, dass eine Hälfte der Beschäftigten eine Pause einlegt, während die anderen weiterhin Termine ausführen.

1.2. Belastungsfaktoren

Im folgenden werden mögliche Belastungsfaktoren ausführlich dargestellt. Diese können in verschiedene Kategorien nach physisch, psychisch oder soziale Belastungsfaktoren eingeordnet werden. Im Beruf des Physiotherapeuten, können in verschiedenen Bereichen, Belastungsfaktoren entstehen. Soziale Belastungen können Konflikte mit Vorgesetzten, Mitarbeitern oder auch Patienten sein. Übergehend aus dem sozialen Faktor bilden sich auch psychische Belastungen, wie Termindruck bei einer Verspätung eines Patienten, oder wie im folgenden erläutert, die hohe Verantwortung. Physische Belastungen entstehen, durch das kurze Anheben von Patienten, oder eine dauerhafte falsche Körperhaltung. Im nachstehenden wird auf fünf Belastungsfaktoren, welche der Beruf als Physiotherapeut mit sich bringt, näher eingegangen.

Termindruck:

Die Beschäftigten der Praxis, haben für einen Patienten und dessen Behandlung 20 Minuten zur Verfügung. Diese Minuten beinhalten, das Abholen am Empfang, den Weg zur Kabine, eventuelles Umziehen des Patienten und die Behandlung. Unter Umständen kann der Weg zur Kabine mit älteren oder Patienten mit eingeschränkter Gehfähigkeit, sehr viel Zeit in Anspruch nehmen. So verliert der Therapeut schon einige Minuten seiner Behandlung und kann somit sein Engagement für seinen Patienten nicht vollkommen ausschöpfen. Seine Bemühungen, die Arbeitstätigkeit gewissenhaft und sorgfältig ausüben zu wollen, leiden unter dem hohen Zeitdruck. Zu einem weiteren Zeitdruck kann es ebenfalls kommen, wenn sich Patienten verspäten. Dies wirkt sich negativ auf die verfügbare Zeit einer Behandlung aus.

Ein Therapeut hat täglich aufeinander folgende Termine. Diese gilt es, in 20 Minuten sorgfältig abzuarbeiten. In den einzelnen Terminen entsteht der Druck sich auf eine gewisse Zeit beschränken zu müssen. Weiter hat ein Therapeut wenig, bis keine Zeit, zwischen den aufeinander folgenden Terminen sich eine Auszeit zu nehmen. Der erste Patient wird verabschiedet, der nächste am Empfang abgeholt. Somit entsteht durch den Zeitdruck eine psychische Belastung für den Beschäftigten.

Teamgefühl:

Durch den strengen Terminplan, kann es während der Arbeitszeit der Fall sein, dass sich einzelne Therapeuten, in ihrer Arbeitszeit kaum begegnen oder sich untereinander austauschen. Meistens beschränken sich Mitarbeitergespräche untereinander, nur auf Arbeitstätigkeiten, welche noch zu erledigen sind oder Informationen, welche den Patienten betreffen. Die Möglichkeit für einen privaten Austausch untereinander während der Arbeit fehlt. Somit arbeiten die Therapeuten eher für sich, als in einem Team aus 12 Beschäftigten. Der Geschäftsführer arbeitet ebenfalls als Therapeut und erledigt die anfallende Verwaltungsarbeit. Somit fällt der tägliche Kontakt zum Vorgesetzten, als Beschäftigter, ebenfalls gering aus und verdeutlicht sich in einer sozialen Belastung.

Aufstiegschancen:

Die Therapiepraxis ist personell sehr strukturiert. Jeder der Beschäftigten besitzt seinen Aufgabenbereich. Jedoch gibt es für jeden einzelnen intern nur geringe Aufstiegschancen. Der Geschäftsführer hat für Notfälle eine Stellvertretung ernannt. Weitere Aufstiegschancen sind nicht gegeben. Somit hat ein ambitionierter Therapeut, in dieser Praxis, einen psychischen Belastungsfaktor, den gewünschten Aufstieg, nicht erfüllt zu bekommen.

Ausfallzeiten eines Mitarbeiters:

In der Therapiepraxis kann es vorkommen, dass Beschäftigte krankheitsbedingt ausfallen. Dies bedeutet, dass die anfallenden Termine auf weitere Therapeuten koordiniert werden müssen. Somit bildet sich ein weiterer psychischer Belastungsfaktor. Im Vordergrund steht, dass der Patient trotz Krankheitsfall seine regelmäßige Behandlung erhält. Es entsteht somit eine Doppelbelastung für den Beschäftigten. Diese kann sich in ökonomischer Hinsicht in Überstunden, zeitlicher Druck oder auch Organisationsprobleme äußern.

Verantwortungsbewusstsein:

Therapeuten arbeiten mit gesundheitlich eingeschränkten Menschen zusammen. Die Krankheiten können im Bereich von chronischen Rückenschmerzen, bis hin zu chronischen Bewegungseinschränkungen oder ähnlichem liegen. Ein Physiotherapeut muss demnach eine große Bandbreite an Patienten und deren Bedürfnisse abdecken können. Die Verantwortung und der individuelle Druck keine Fehler zu begehen, ist bei einem Therapeuten sehr hoch. Verantwortungsbewusstsein stellt im Beruf als Physiotherapeut ein psychischer Belastungsfaktor dar.

2. Befragung zur Stressbelastung

2.1. Messinstrument

Um die Stressbelastungen der Beschäftigten aufzuzeigen, eignet sich als Messinstrument der sogenannte „Kurzfragebogen zur Arbeitsanalyse" (KFZA). Dieser wurde von Prümer, Hartmannsgruber & Frese entwickelt und steht kostenfrei im Internet zur Verfügung (fragebogen-arbeitsanalyse, 2018). Sein Ziel stellt eine optimale und detaillierte Belastungsermittlung für Personengruppen, Tätigkeitsklassen, Organisationseinheiten und Unternehmen aller Branchen dar. Laut Prümer, Hartmannsgrube & Frese (1995) handelt es sich im engeren Sinne nicht um die Neuentwicklung eines Verfahrens, sondern vielmehr und die Sammlung ausgewählter „Makieritems" aus bewährten Instrumenten zur psychologischen Arbeitsanalyse. Sarges, Wottawa & Roos (2001, S. 162) gehen auf die Reliabilität des Fragebogen ein und verdeutlichen, dass diese der einzelnen Faktoren des KFZA unter Betrachtung, der internen Konsistenzen - trotz der Kürze der Skalen - als zufrieden stellend bezeichnet wird. Ebenfalls, wird auf Grund einer ausgewählten „Makieritems", aus bewährten Instrumenten zur psychologischen Arbeitsanalyse, auf eine gesonderte Validierung verzichtet.

Der Fragebogen verfügt über 26 Items, welche sich in vier Aspekte aufteilen lassen. Die Arbeitstätigkeit bearbeitet die Vielseitigkeit der Arbeit, die Stressoren geben Auskunft über Qualitative und Quantitative Arbeitsbelastungen, die Ressourcen zeigen Handlungsspielräume sowie soziale Aspekte und letztlich das Organisationsklima, welches strukturelle Abläufe darstellt. Antwortmöglichkeiten hat der Beschäftigte, in den Bereichen „trifft gar nicht zu" bis hin zu „ trifft völlig zu". Diese müssen im Fragebogen durch Kreuze markiert werden.

Einen hohen positiven Wert für das Unternehmen, stellt der Fragebogen in so fern dar, dass nicht nur der IST Zustand der Beschäftigten befragt wird, sondern auch der SOLL Zustand. Somit kann herausgefunden werden, wie groß die Differenz zwischen dem aktuellen und dem gewünschten Zustand der Beschäftigten ist. Nimmt man als Beispiel die Frage nach den Weiterbildungschancen (vgl. Abb.1), so könnte ein Mitarbeiter eines Unternehmens möglicherweise, auf Grund dessen, dass das Unternehmen keine Chancen bietet, „trifft gar nicht zu" ankreuzen. In einer Auswertung wäre dies eventuell eine Belastung. Gibt der Beschäftigte im SOLL Zustand an, dass es für ihn ebenfalls nicht zutrifft, wird verdeutlicht, dass dies keine oder sogar nur eine geringe Belastung darstellt und keiner Maßnahme entspricht.

Abb. 1: Fragebogen KFZA; Ausschnitt Weiterbildungsmöglichkeiten, (fragebogen-arbeitsanalyse, 2018)

Ein weiterer großer Nutzen des Fragebogens ist, dass neben den Stressoren auch mögliche Ressourcen abgefragt werden. Es wird auf das Thema „Zusammenhalt" (vgl. Abb. 2) eingegangen. Dadurch werden Möglichkeiten aufgezeigt, in welchem Bezug die Beschäftigten zueinander stehen und sich gegenseitig unterstützen.

	trifft gar nicht zu	trifft wenig zu	trifft mittelmäßig zu	trifft überwiegend zu	trifft völlig zu
Ich kann mich während der Arbeit mit verschiedenen Kolleginnen und Kollegen über dienstliche und private Dinge unterhalten. IST	☐	☐	☐	☐	☐
SOLL	○	○	○	○	○

Abb. 2: Fragebogen KFZA; Ausschnitt; Kommunikation (fragebogen-arbeitsanalyse, 2018)

Weiter ist der Fragebogen sehr einfach zu verstehen, strukturell und geordnet aufgebaut, das macht ihn für eine zeitökonomische Bearbeitung von ca. 10 bis max. 15 Minuten, optimal für jedes Unternehmen umsetzbar. Im Fall der Physiotherapiepraxis passt dies in die Terminplanung von 20 Minuten.

2.2. Durchführung der Befragung

2.2.1. Vorbereitung

Zu Beginn muss der Geschäftsführer alle Beschäftigte über das Vorgehen der Befragung informieren. Dies geschieht über ein persönliches Einzelgespräch. Der Fragebogen wird kurz dargestellt und erklärt, sodass es bei der Durchführung zu keinen Verständnisproblemen kommen kann. Jeder sollte vorab den Fragebogen und dessen Bearbeitung verstanden haben. Ebenfalls wird Aufklärung geleistet, weshalb eine Befragung der Belastungen am Arbeitsplatz durchgeführt wird, welche Themen behandelt werden und wie der Ablauf erfolgt.

Hierbei ist es wichtig den Beschäftigten aufzuzeigen, dass eine Befragung ebenfalls in deren Interesse liegt. Es geht darum, Probleme und Belastungen aufdecken zu können und entsprechende Lösungen zu finden. Für die Therapeuten darf nicht das Gefühl entstehen, dass sich eine Befragung der Belastungen, negativ für sie auswirken könnte. Für Therapeuten könnte Angst aufkommen, etwas anzumerken, was die Geschäftsführung verärgern, was auf sie zurückzuführen oder die Arbeitssituation dadurch verschlechtern könnte. Der Geschäftsführer muss verdeutlichen, dass es anonym ist, das die Befragung nicht als persönliche Kritik verstanden wird, sondern als Chance für die Beschäftigten, deren Arbeitsbedingungen positiv beeinflussen zu können.

Ziel ist eine Vollerhebung. Im Gespräch wird erläutert, dass es gewünscht sei an der Befragung teilzunehmen. Die Praxis mit 12 Beschäftigten ist personell eher klein aufgestellt. Um eine genaue und auch anonyme Auswertung gewährleisten zu können, sollte jeder die Chance nutzen teilzunehmen.

2.2.2. Durchführung

Es liegt ebenfalls im Interesse des Arbeitgebers eine Befragung durchzuführen. Somit wird den Beschäftigten die Möglichkeit gelassen, diese während ihrer Arbeitszeit durchzuführen.

Für die Bearbeitung des Fragebogens in schriftlicher Form, werden ca. 10 - 15 Minuten benötigt. Im Terminbuch wird jedem Therapeuten jeweils 20 Minuten seiner Arbeitszeit, für die Bearbeitung geblockt. Die Befragung wird auf einen Tag gelegt, an dem alle Therapeuten in der Praxis anwesend sind. Sollte jemand krankheitsbedingt nicht teilnehmen, besitzt er im Nachhinein trotzdem die Chance den Fragebogen nachzuholen.

Stattfinden wird die Befragung im eigenen Personalraum, mit maximal zwei Therapeuten gleichzeitig. Der Fragebogen wird so vorbereitet, dass er ihn nur noch ausgefüllt in ein Briefkuvert legen und verschließen muss. Um die Anonymität gewährleisten zu können, wird der Geschäftsführer, bei der Durchführung nicht anwesend sein. Da keine personenbezogenen Daten erhoben werden, muss keine Datenschutzerklärung ausgehändigt oder unterzeichnet werden. Ist der Fragebogen ausgefüllt, wird er mit dem Kuvert verschlossen.

Raum für Anmerkungen:

Abb. 3: Fragebogen KFZA; Ausschnitt; Raum für Kommunikation (fragebogen-arbeitsanalyse, 2018)

2.2.3. Auswertung

Die Auswertung erfolgt über einen externen Partner. Das ist deshalb wichtig, da bei dem Messinstrument KFZA „Raum für Anmerkungen" (vgl. Abb 3) gelassen wird. In diesem Feld können Beschäftigte handschriftlich zum Fragebogen etwas ergänzen. In kleinen Betrieben, können diese Anmerkungen, schnell auf einzelne Beschäftigte zurück zuführen sein. Der Geschäftsführer kennt die Handschrift und gegebenenfalls Wortformulierung seiner Therapeuten. Somit könnte er durch diese Erkennung wissen, welcher die entsprechende Anmerkung gegeben hat. Die Auswertung sollte nach Sarges, Wottawa & Roos (2001, S.162), von in Statistik ausgebildeten Personen, in standardisierter Form unter Verwendung einschlägiger Statistikprogramme erfolgen.

3. Konzeption der Maßnahme

3.1. Das Multimodale Stressmanagement

Das Konzept des Multimodalen Stressmanagement hat seinen Ursprung im transaktionalen Stressmodel nach Lazarus. Kaluza (2014, S. 262) erläutert dies am Beispiel der personalen Präventionsmaßnahmen, welche sich an die Einzelpersonen mit dem Ziel richten, deren individuell Kompetenzen für einen gesundheitsförderlichen Umgang mit Belastungen in Beruf und Alltag zu stärken. Bezogen auf der transaktionalen Stresstheorie, sind individuelle Bewertung- und Bewältigungsprozesse ausschlaggebend dafür, wie sich Belastungen auf die Gesundheit auswirken.

Die transnationale Stresstheorie erläutert, dass Reaktionen, auf externe Stressfaktoren, massgeblich von Gedanken, Beurteilungen und Bewertungen einer Person, in der jeweiligen Situation bestimmt werden (Zedler, 2012). Erklärt wird die Entstehung von Stress durch Stressreaktionen, bedingt durch eine Wechselwirkung zwischen dem Organismus und der Umwelt. Zedler (2012) erläutert, dass Stress entsteht, wenn ein Ungleichgewicht zwischen den Anforderungen besteht, die an eine Person gestellt werden und den persönlichen Möglichkeiten und Ressourcen, die zur Verfügung stehen, um die Anforderungen zu bewältigen.

Die Bewertung einer Stressreaktion, auf Grund der unterschiedlichen Wahrnehmung von Stress, werden in zwei Stufen ein geteilt (Zedler, 2012).

Die primäre Bewertungen, welche sich auf eine Einschätzung der Situation, des potenziellen Stressors beziehen, werden entweder als irrelevant, angenehm-positiv oder stressbezogen verstanden. Solche Bewertungen erfolgen mit dem Hintergrund von persönlichen „Sollwerten". Ist ein individueller Sollwert durch eine bestimmte Situation bedroht, spricht man von einer primären Bewertung (Kaluza, 2018, S. 44).

Die sekundäre Bewertungen, bewerten Kompetenzen im Umgang mit den jeweiligen Anforderungen, sowie die externen Unterstützungsmöglichkeiten, welche bei der Bewältigung der Anforderungen gegebenenfalls genutzt werden können. Eine sekundäre Bewertung, laut Kaluza (2018. S. 44), bezieht sich auf die Einschätzung eigener Bewältigungsfähigkeiten und -möglichkeiten.

Es wird unterschieden zwischen, primärer und sekundärer Bewertungen, in dem, was bewertet wird. Jedoch sollte beachtet werden, dass die beiden Bewertungsprozesse sich zeitlich überlappen und wechselseitig beeinflussen können (Kaluza, 2018, S.45).

3.1.1. Multimodales Stressmanagement nach Kaluza

Ansatzpunkt für ein multimodales Stressmanagement, ist das Reduzieren oder ganz ausschalten von Stressoren (Kaluza, 2018, S.63). Laut Kaluza (2018, S. 62) kann zwischen einem verhaltensorientierten Ansatz, der individuelle Möglichkeiten der Stressbewältigung, die Aufgaben des Einzelnen fokussieren oder einem struktur- bzw. verhältnisorientierten Stressmanagement unterschieden werden. Das verhältnisorientierte Stressmanagement zielt nach Kaluza (2018, S.62), auf eine Veränderung von überindividuellen unmittelbaren Einflussbereichen des Einzelnen ab. Nach seinem Ansatzpunkt des Stressmanagements lassen sich drei Hauptwege des individuellen, sowie des strukturellen Stressmanagements differenzieren.

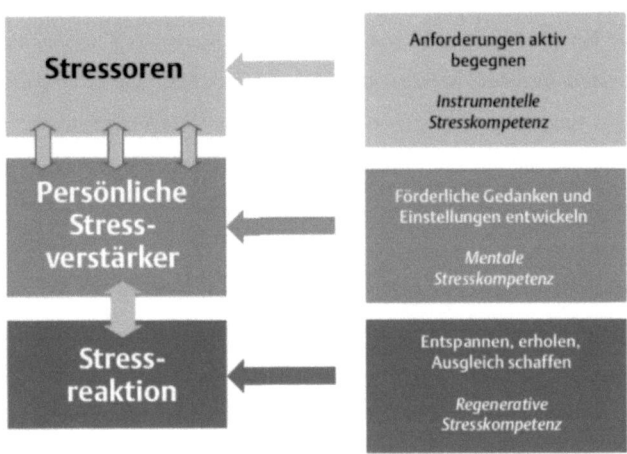

Abb. 4: Multimodales Stressmanagement nach Kaluza, (gmk-institut, 2014)

Instrumentelles Stressmanagement:

Bezogen auf die Stressoren, welche durch äußere Anforderungen hervorgerufen werden, soll das instrumentelle Stressmanagement dort anknüpfen um diese zu reduzieren, oder präventiv nicht entstehen lassen.

Beispiel nach Kaluza (2018, S. 63): persönliche Zeitplanung verändern

Kognitives Stressmanagement:

Auf kognitiver Ebene, werden die persönlichen Stressverstärker dargestellt. Dies bedeutet, die Bewertung und Verstärkung eines Stressors. Ziel dieser Ebene ist es, die Stressverstärker, von einer Verstärkung, auf eine Minderung umzustellen.

Beispiel nach Kaluza (2018, S. 63): Perfektionistische Leistungsansprüche kritisch überprüfen

Palliativ-Regeneratives Stressmanagement:

Auf der palliativ-regenerativer Ebene, sollen Maßnahmen entstehen, die eine bereits entstandene Stressreaktionen, mindern können.

Beispiel nach Kaluza (2018, S. 63): Sich selbst etwas Gutes tun

Ergänzend zum individuellen Stressmanagement gibt es nach Kaluza (2018, S. 69), ein strukturelles Stressmanagement. Auch das Strukturelle Stressmanagement, setzt an allen drei Ebenen, des Stressgeschehens an. Beispiele sieht Kaluza (2018, S. 69) in Bewegungspausen, Teilnahme an Bewegungsprogramme, Entspannungstrainings oder innerbetrieblichen Wellnessangeboten. Strukturelle Präventionsmaßnahmen zielen laut Kaluza (2018, S.69), auf eine Veränderung von überindividuellen belastenden Strukturen ab, die außerhalb des unmittelbaren Einflussbereiches liegen. Weiter wird deutlich, dass es in der Arbeitswelt, demnach um Maßnahmen zur Vereinbarkeit von Berufs- und Privatleben, um die Organisation von Arbeitsabläufen und um die Entwicklung, einer gesundheitsförderlichen Arbeits- und Leistungskultur geht (Kaluza, 2014, S.261).

3.2. Multimodales Stressmanagement in der Physiotherapiepraxis

Strukturelle Maßnahmen sind nach Kaluza (2018, S. 69) deshalb von hoher Bedeutung, da durch solche das individuelle Bemühen, um eine regenerative Stressbewältigung, sinnvoll unterstützt und erleichtert, bisweilen überhaupt erst ermöglicht werden. Im folgenden werden Maßnahmen, für ein individuelles und strukturelles Stressmanagement erläutert. Jede bezieht sich auf den gleichen Stressor und wird auf den weiteren Ebenen des Stressgeschehens ausgeführt. Somit ergeben sich für jeden Stressor auf instrumenteller, kognitiver wie auch palliativ-regenerativer Ebene Maßnahmen, für ein individuelles und strukturelles Stressmanagement.

Termindruck:

Tabelle 1 veranschaulicht den psychischen Stressor Termindruck. Wie in den Stressoren verdeutlicht, kann es durch die knappen 20 Minuten einer Behandlung oft zu zeitlichen Problemen kommen. Verstärkt wird dies, durch den persönlichen Zwang zeitgerecht alle Termine erledigen zu müssen. Mögliche individuelle Reaktionen können sich äußern, in Konzentrationsschwierigkeiten, Erschöpfung oder Überbelastung. Gelöst werden diese Reaktionen, verhaltensorientiert auf palliativ-regenerativer Ebene durch Progressive Muskelentspannungen, Atemtechniken oder Yoga. Auf der instrumentelle Stressmanagementebene, sollte das Ziel sein, langfristig einen Termindruck zu verringern. Beschäftigte können selbst Verantwortung übernehmen und ein persönliches Zeitmanagement einführen.

Tab. 1: Individuelles Stressmanagement; Zeitdruck

Stressor	Instrumentelles Stressmanagement
Termindruck	Zeitmanagement einführen & prüfen
Verstärker	**Kognitives Stressmanagement**
Zwang Termine rechtzeitig erledigen zu wollen	Relativieren, Einstellungsveränderung, Selbstreflektion
Reaktion	**Pallivativ- Regeneratives Stressmanagement**
Konzentrationsschwierigkeiten, Erschöpfung, Überbelastung	Atemübungen, Pausen einlegen

Auf struktureller Stressmanagementebene, sollte der Arbeitgeber zunächst die Arbeitsmenge der Therapeuten überprüfen (vgl. Tab. 2). So kann dem Termindruck schon frühzeitig entgegengewirkt werden. Weiter sollte auf kognitiver Ebene eine Relativierung der Situation eingeleitet werden. Zunächst wird dargestellt, welche Termine die höchste Dringlichkeit haben. Dadurch entsteht ein Notfallplan. Hauptziel sollte im verhältnisorientierten Stressmanagement, die Einführung eines Qualitätsmanagement sein. Entstehen Reaktionen sollte der Arbeitgeber den Beschäftigten Platz einräumen in einer stressigen Situation, Techniken anwenden zu dürfen, um diese lösen zu können.

Tab. 2: Strukturelles Stressmanagement; Zeitdruck

Stressor	Instrumentelles Stressmanagement
Termindruck	Arbeitsumfang der Beschäftigten prüfen
Verstärker	**Kognitives Stressmanagement**
Krankheitsfall	Notfallplan erstellen
Reaktion	**Pallivativ- Regeneratives Stressmanagement**
Konzentrationsschwierigkeiten Erschöpfung, Überbelastung	Progressive Muskelenstpannung, Yoga, Atemübungen

Teamgefühl:

Physiotherapeuten arbeiten in Einzelterminen. Das fehlende Teamgefühl wird auf instrumenteller Stressmanagementebene, durch die fehlende Unterstützung und mangelndem Zusammenhalt individuell verstärkt. Die resultierende Reaktion zeigt sich in emotionalem Rückzug und Unzufriedenheit. Auf instrumenteller Ebene kann der Beschäftigte, dem sozialen und psychischen Stressor entgegenwirken, indem er ein Kommunikationstraining anwendet. Hier wird erlernt mit seinen Teamkollegen nicht nur über geschäftliche Themen ein Gespräch zu führen. Ziel ist, dass die Beschäftigten sich auch untereinander über private Interessen austauschen können. Dies stärkt den Zusammenhalt im Team. Um dem Verstärker entgegenzuwirken, hilft auf Dauer ein persönlicher Verhaltensplan, dieser soll Schritt für Schritt die individuelle Einbindung ins Team ermöglichen. Die ausgelöste Reaktion wird auf palliativ-regenerativer Ebene, mit gemeinsamen Sport- und Freizeitangeboten gemindert. Um einen emotionalen Rückzug vermeiden zu können, ist es von Nöten eine individuelle Work-Life-Balance, mit den Teamkollegen einzuführen.

Tab. 3: Individuelles Stressmanagement; Teamgefühl

Stressor	Instrumentelles Stressmanagement
Teamgefühl	Kommunikationstraining
Verstärker	**Kognitives Stressmanagement**
Fehlender Zusammenhalt und Unterstützung,	persönlicher Verhaltensplan erstellen,
Reaktion	**Pallivativ- Regeneratives Stressmanagement**
Emotionaler Rückzug, Unzufriedenheit	Gemeinsame Sport- und Fitnessangebote, Freizeitangebote

Hauptziel eines Unternehmens sollte die Teamarbeit sein. Ein starkes gemeinsames Team kann sich unterstützen und arbeitet unter Umständen produktiver. Als Arbeitgeber sollte es Pflicht sein, seinen Beschäftigten die Möglichkeit zu bieten, ein Team erschaffen zu können. Dies kann in kleinen Schritten, wie zum Beispiel eine gemeinsame Mittagspause, oder über Teambuilding Workshops stattfinden. Auf Dauer sollte ein Platz für eine Teamgemeinschaft eingeräumt werden. Tabelle 4 verdeutlicht den Stressverstärker auf struktureller Ebene. Durch die knappe Terminierung haben die Beschäftigten wenig Möglichkeiten sich auszutauschen. Maßnahmen auf kognitiver Ebene sind regelmäßige Teamsitzungen, in denen sie die Chance besitzen, Kooperationen zwischen einander bilden und sich austauschen zu können. Die gemeinschaftlichen Sport- und Freizeitangebote sollten vom Arbeitgeber dauerhaft für die Beschäftigten zur Verfügung stehen. Dies wirkt sich präventiv auf die mögliche Reaktion wie Unzufriedenheit aus.

Tab. 4: Strukturelles Stressmanagement; Zeitdruck

Stressor	Instrumentelles Stressmanagement
Teamgefühl	Gemeinsame Mittagspause einführen, Teambuilding Wokshops,
Verstärker	**Kognitives Stressmanagement**
Fehlende Kooperationsmöglichkeiten im Team	Teamsitzungen
Reaktion	**Pallivativ- Regeneratives Stressmanagement**
Emotionaler Rückzug, Unzufriedenheit	Gemeinsame Sport- und Fitnessangebote, Freizeitangebote

Aufstiegschancen:

Die Praxis bietet im personellen Rahmen wenig bis keine Aufstiegschancen. Diese können für die Beschäftigten ein Stressor darstellen. Um dem Stressor entgegen zu wirken ist es sinnvoll sich als Ziel, eine klare Definition der eigenen Aufstiegschancen zu erstellen. Sobald ein Beschäftigter für sich selbst seine Wünsche, in Anbetracht einer Aufstiegschance erarbeitet und definiert hat, kann in Zusammenarbeit mit dem Arbeitgeber ein Mittelmass gefunden werden, wodurch er eine höhere Zufriedenheit erreicht. Bildet ein Unternehmen keine oder wenig Aufstiegschancen, kann die Angst vor der Zukunft diesen Stressor verstärken. Auf kognitiver Ebene, in Tabelle 5 veranschaulicht, hilft eine Einstellungsveränderung. Daraus soll erreicht werden, dass Beschäftigte ihre Gedanken nicht an die Zukunft verschwenden, sondern mit der aktuellen Situation umgehen können und gleichzeitig lernen in einer „Jetzt"-Situation Zufriedenheit zu finden. Die mögliche Stressreaktion resultiert mit Unzufriedenheit. Unzufriedenheit kann in den meisten Fällen auch in einer Kündigung enden. Durch Yoga, eine palliativ-regenerative Maßnahmen, kann die Reaktion gemindert werden.

Tab. 5: Individuelles Stressmanagement; Aufstiegschancen

Stressor	Instrumentelles Stressmanagement
Aufstiegschancen	Definition der persönlichen Aufstiegschancen erarbeiten
Verstärker	**Kognitives Stressmanagement**
Angst vor der Zukunft	Einstelungsveränderung
Reaktion	**Pallivativ- Regeneratives Stressmanagement**
Unzufriedenheit	Yoga

Die fehlenden Möglichkeit Aufstiegschancen anzubieten verstärkt die Stressreaktion deutlich. Wie in Tabelle 6 dargestellt, äußert sich diese bei den Beschäftigten mit Rückzug, oder auch in einem Betriebswechsel. In der Praxis gibt es nur einen Geschäftsführer und einen Stellvertreter. Trotzdem sollte mit den Beschäftigten interne Aufstiegschancen erarbeitet werden. Diese können sich auf einzelne Bereiche beziehen. Eine mögliche Aufstiegschance wäre zum Beispiel Leitung für den Bereich Massage. Diese Maßnahme soll eine Zufriedenheit bei den Mitarbeitern erlangen. Auf kognitiver Ebene sollte dies in einer Stellenbeschreibung festgehalten werden. Durch eine genaue Stellenbeschreibung kann einem Beschäftigten aufgezeigt werden, welche internen Aufstiegschancen, Weiterbildungen und welche Zukunft das Unternehmen für ihn bietet. Yoga soll die Stressreaktion der Mitarbeiter verringern. Ziel der Maßnahme, auf palliativ - regenerativer Ebene, ist es das Gefühl, der Zufriedenheit in den Mitarbeitern zu wecken.

Tab. 6: Strukturelles Stressmanagement; Aufstiegschancen

Stressor	Strukturelles Stressmanagement
Aufstiegschancen	Interne mögliche Aufstiegschancen für die Mitarbeiter erschaffen
Verstärker	**Kognitives Stressmanagement**
Fehlende Möglichkeiten	Stellenbeschreibung mögliche Chancen aufzeigen
Reaktion	**Pallivativ- Regeneratives Stressmanagement**
Rückzug	Yoga

Verantwortungsbewusstsein:

Physiotherapeuten als Dienstleiter arbeiten mit Patienten. Daher haben sie den zu behandelnden Patienten gegenüber eine große Verantwortung. Dieser psychische Stressor (vgl. Tab. 7) wird durch die Angst Fehler zu begehen und durch einen zu hohen Perfektionismus, verstärkt. Stressreaktionen können sich in Erschöpfung und Anspannungen äußern. Auf instrumenteller Ebene kann der Therapeut einen routinierten Ablaufplan für seine Behandlungen erstellen. Mit einer erarbeiteten Routine, sitzen Abläufe besser und es entstehen weniger Fehler. Ziel auf der instrumentellen Ebene ist es, einen Weg zu finden mit Verantwortung umzugehen. Um Verstärker mindern zu können, muss die Einstellung eines Beschäftigten individuell geändert werden. Er selbst muss seinen hohen Perfektionismus ablegen oder lernen ihn richtig einsetzen zu können. Sollte es zu einer Stressreaktion kommen, helfen verschiedene Atemtechniken und eine aktive Pause. Ziel mit dem Umgang von Stressreaktion sollte sein, die Techniken um eine Reaktion auszuschalten, zu erlernen und umsetzen zu können.

Stressor	Instrumentelles Stressmanagement
Verantwortungsbewusstsein	Ablaufplan erstellen, Routine einführen
Verstärker	**Kognitives Stressmanagement**
Druck keine Fehler machen zu wollen, Perfektionsmus	Einstellungsveränderung
Reaktion	**Pallivativ- Regeneratives Stressmanagement**
Anspannung, Erschöpfung	Atemübungen, Aktive Pause

Der Arbeitgeber kann ebenfalls dafür sorgen, dass die Verantwortung für die Beschäftigten nicht als psychischer Stressor entsteht. Mit einer klaren Stellenbeschreibung, wird ihnen dargestellt, für welchen Bereich sie verantwortlich und was dabei ihre Aufgaben sind. Stress verstärken kann ein Unternehmen, wie in Tabelle 8 erläutert wird, durch das hohe Verantwortungsbewusstsein oder durch zu hohe Erwartungen an die Beschäftigten. Um den entstanden Druck verringern zu können, sollte ein Anforderungsmanagement erstellt und klar definiert werden. Entstehen im Beschäftigten verschiedene Stressreaktionen ist es ratsam, das Unternehmen dafür sorgen, dass die Beschäftigten ein palliativ-regeneratives Stressmanagement, in Form von Yoga oder Autogenem Training abhalten können. Auf dieser Ebene hat das Unternehmen zum Ziel Maßnahmen in dieser Form für die Beschäftigten umsetzbar zu machen.

Tab. 8: Strukturelles Stressmanagement; Verantwortungsbewusstsein

Stressor	Strukturelles Stressmanagement
Verantwortungsbewusstsein	Stellenbeschreibung
Verstärker	**Kognitives Stressmanagement**
Erwartungen des Unternehmen an die Mitarbeiter	Anforderungsmanagement klar definieren
Reaktion	**Pallivativ- Regeneratives Stressmanagement**
Anspannung, Erschöpfung	Autogenes Training, Yoga

Ausfallzeiten:

Entsteht die Situation, dass ein Therapeut ausfällt, so müssen bereits festgelegte Termine auf weitere Therapeuten verteilt werden. Diese müssen dadurch in ihrer eigenen Arbeitszeit mit zusätzlichem Terminen rechnen. Durch unerwartete Situationen kann es zu psychischen Stressoren kommen. Verstärkt werden diese durch den Zeitdruck, alle Termine innerhalb eines Arbeitstages abdecken zu müssen (vgl. Tab.9). Tritt der Stressverstärker ein, ist es hilfreich die Situation zu relativieren und sich einen klaren Überblick zu verschaffen. Erscheinen mögliche Reaktionen wie Erschöpfung und Überbelastung, sollte der Beschäftigte durch Atemübungen und genügend Pausen dem Stressor und dessen Verstärker mindern. Die erlernten Entspannungstechniken haben zum Ziel, diese nach bedarf eigenständig durchführen zu können.

Tab. 9: Individuelles Stressmanagement; Ausfallzeiten

Stressor	Instrumentelles Stressmanagement
Ausfallzeiten eines Mitarbeiters	Notfallplan einführen
Verstärker	**Kognitives Stressmanagement**
Zeitdruck	Relativieren
Reaktion	**Palliativ- Regeneratives Stressmanagement**
Erschöpfung, Überbelastung	Atemübungen, Pausen ein legen

Zunächst sollte der Arbeitsumfang der Beschäftigten geprüft und festgehalten werden. Somit kann in einem unerwartetem Ausfall eines Mitarbeiters analysiert werden, wie die Termine auf die einzelnen Mitarbeiter verteilt werden können. Ein dauerhaftes Ziel auf struktureller Ebene ist, wie bereits erwähnt, die Einführung eines Qualitätsmanagement. In einem solchen Management kann ein „Wichtigkeitsplan" erstellt werden. Dieser soll bei einer Stressverstärkern, wie zum Beispiel Zeitdruck, den Beschäftigten darstellen, welche Aufgaben die höchste Prioritäten besitzen. So hat der Beschäftigte nicht die Verstärkung, alle Aufgaben gleichzeitig und sofort erledigen zu müssen. Er kann nach dem

„Wichtigkeitsplan" alle Aufgaben nach und nach abarbeiten. Die Reaktion kann ein Unternehmen auf palliativ-regenerativer Ebene lösen, in dem es den Beschäftigten die Maßnahme gibt, unter Zeitdruck ausreichende Pausen einlegen zu können (vgl. Tab.10). Dies können auch „Aktive Pausen" sein, in den die Beschäftigten verschiedene Entspannungstechniken durchführen können.

Tab. 10: Strukturelles Stressmanagement; Ausfallzeiten

Stressor	Strukturelles Stressmanagement
Ausfallzeiten eines Mitarbeiters	Arbeitsumfang der Mitarbeiter prüfen
Verstärker	**Kognitives Stressmanagement**
Zeitdruck	Wichtigkeitsplan
Reaktion	**Pallivativ- Regeneratives Stressmanagement**
Erschöpfung, Überbelastung	Aktive Pause

4. Überprüfung der Wirksamkeit

Um die Wirksamkeit der Intervention gewährleisten zu können, ist es wichtig, diese zu evaluieren. Folgend wird der Untersuchungsplan und die gesamte Evaluation dargestellt.

4.1. Der Untersuchungsplan

Zu untersuchen gilt es, ob multimodalem Stressmanagement, Einfluss auf die Belastungen von 12 Physiotherapeuten hat (vgl. Tab.11). Die Längsschnittstudie erstreckt sich über einen Zeitraum von August 2018 bis April 2019.

In der Durchführungen werden bereits die Vorbereitungen und Personalgespräche eingeplant. Es gibt keine besonderen Eigenschaften für die Stichprobe, da alle Beschäftigten, den gleichen Arbeitsbereich und -tätigkeit haben, wird es für die Untersuchung nur eine Experimentalgruppe geben (vgl. Tab.11).

Tab. 11: Untersuchungsplan

Untersuchungsgegenstand	Einfluss von multimodalem Stressmanagement, auf die Belastungen von Physiotherapeuten
Stichprobe	Auswahl: Mitarbeiter der Physiotherapiepraxis Anzahl: 12 Mitarbeiter Eigenschaften: keine besonderen Eigenschaften, es werden alle Mitarbeiter befragt
Untersuchungsmethode	Mitarbeiterbefragung
Messinstrument	Schriftliche Befragung mit dem KFZA
Forschungsdesgine	Längsschnittstudie
Hypothese H1	Multimodales Stressmanagement hat einen Einfluss auf die Belastungen von Physiotherapeuten
Hypothese H0	Multimodales Stressmanagement hat keinen Einfluss auf die Belastungen von Physiotherapeuten
Abhänige Variable	Belastungen Physiotherapeuten
Unabhängig Variable	Multimodales Stressmanagement
Untersuchungsform	Pre- Post Messung
Datenauswertung	Fragebogen über Externer Partner
Messzeitraum	August 2018 - Ende Mai 2019

Folgend wird mit der Durchführung der Befragung begonnen. Optimal ist ein Tag, an dem alle Mitarbeiter im Betrieb anwesend sind. Die Befragung soll im Zeitraum von 8.00 - 18.30 Uhr statt finden (vgl. Tab.12). Die Auswertung der Ergebnisse erfolgt über einen externen Partner. Knapp 14 Tage stehen dem Partner zur Verfügung, um eine

Auswertung, sowie eine Präsentation zu erarbeiten. Die Präsentation wird im vorab dem Geschäftsführer der Physiotherapiepraxis zugeteilt. Nach seiner Präsentation darf der externe Partner am 07.9.2018, das Ergebnis, in einem Teammeeting, auch an die Therapeuten übergeben. Im Zeitraum vom 10.9. - 28.9.2018, nach der Präsentation, werden im Team gemeinsam, Maßnahmen abgeleitet und nötige Vorbereitungen für die Einführung getroffen. Sind alle Maßnahmen gefestigt und erarbeitet, können sie ab dem 1.10.2018 umgesetzt werden.

Die Umsetzung und Eingliederung der Maßnahmen, erfordert die längste Zeit und sollten auch einen großen, zeitlichen Rahmen besitzen. Der Rahmen erstreckt sich über fünf Monate. Zum März 2019 wird bereits die Vorbereitungen der Post - Messung ein geleitet und thematisiert die gleichen Vorgaben, wie die Pre-Messung. Die Post-Messung soll zum 8.03.2019 durchgeführt werden. Den Beschäftigten ist bereits die Durchführung der Befragung bekannt, daher benötigen die Vorbereitungen, zur Befragung, keinen großen zeitlichen Rahmen.

Zu beachten ist bei den Schritten der Vorbereitung, Durchführung, Auswertung, Präsentation und Einleitung der Maßnahme, dass diese zügig aufeinander folgen.

Tab. 12: Zeitlicher Untersuchungsplan

	Maßnahme	Zeitraum
1	Vorbereitung und Personalgespräch	6.8-10.8.2018
2	Durchführung der Befragung	16.8.2018 im Zeitraum von 8 - 18.30 Uhr
3	Auswertung der Ergebnisse	20.8-3.9.2018
4	Präsentation der Ergebnisse an die Mitarbeiter	7.9.2018
5	Ableitung & Vorbereitung der Maßnahmen	10.9.-28.9.2018
6	Umsetzung der festgelegten Maßnahmen	1.10.2018- 28.02.2019
7	Vorbereitung und Personalgespräch für die Post- Test Befragung	1.3.2019
8	Durchführung der Post-Test Befragung Wirksamkeitsprüfung der Maßnahmen	8.03.2019 8.00-18.30 Uhr
9	Auswertung	11.3.- 25.03.2019
10	Abgleich der Auswertungen; Pre & Post - Messung	April 2019
11	Maßnahmen für die entstandenen Differenzen	Mai 2019
12	Umsetzung und Integration der Maßnahmen	Ab Juni 2019
13	Wirksamkeitsprüfung	Nach 3 Jahren

4.2. Evaluation und Qualitätssicherung

Um eine Nachhaltigkeit der Maßnahmen gewährleisten zu können, sollte zunächst ein klares Qualitätsmanagement und dessen Sicherung erstellt und eingeführt werden. Nach Parin und Jäckel (2005, S. 306) bedeutet Qualitätsmanagement, die Verankerung von Qualitätsmaßnahmen in eine Organisation, durch Maßnahmen der Leitungsebene bzw. des Managements, zum Beispiel, die Schaffung entsprechender Strukturen oder Einrichtung regelmäßiger Qualitätsprüfungen. Qualitätsmanagement ist nach dieser Begriffsauffassung, ein interner Ansatz, welcher aber auch in vielen Fällen, in Form von externen Begleitungen, wie Schulungen, Beratungen oder Evaluation als sinnvoll erweist.

Ein Qualitätsmanagement und dessen Maßnahmen, beinhalten Ziele, welche in Inhalt, Ausmaß und Zeit unterteilt werden. So kann im Vergleich der Pre- und Post-Messungen genau dargestellt werden, wie hoch die Wirksamkeit der Maßnahmen wirklich war und was sich daraus ergeben hat. Ziele zu definieren, sichert außerdem die Evaluation und prüft die Qualität der Maßnahmen.

Da es nicht nur den Geschäftsführer betrifft, sollten die Ziele in einem gemeinsamen Workshop erarbeitet werden. Jeder soll Probleme ansprechen können und bei der Arbeitsplatzgestaltung, der Einführung neuer Organisationsformen, der Arbeitszeitregelung oder der Aufgabenverteilung beteiligt werden.

Um den Stressorren präventiv entgegenzuwirken eignet sich ein Stressbewältigungstraining. Dieses besteht, aus der Förderung von körperlicher und psychischer Gesundheit, durch eine Verbesserung, der individuellen Kompetenzen zur Stressbewältigung. Das Ziel dieser Maßnahme besteht darin, auf der Basis einer möglichst breiten Palette von sowohl instrumentell, als auch mentalen und palliativ-regenerativen Strategien Flexibilität, im Umgang mit alltäglichen Belastungen zu erreichen (Kalza, 2014, S. 263).

Das Stressbewältigungstraining, kann auf verschiedene Stressoren der Physiotherapeuten übertragen werden. Auf palliativ-regenerativen Stressebene, wird oftmals eine Maßnahme in Form von Progressiver Muskelrelaxation, Atemübungen, Yoga oder aktive Pausen empfohlen. Diese dient der Erholung und auch dem Belastungsausgleich und kann somit zu einer kurzfristigen Bewältigung einer akuten Belastungssituation ein gesetzt werden (Kaluza, 2014, S. 263). Für die Maßnahmen sollte eine Budgetplanung erstellt werden. Teilweise können Maßnahmen im laufenden Betrieb ohne Unkosten statt finden. Maßnahmen, wie Yoga oder verschiedene Workshops erfordern, ein gewisses Budget. Um eine Sicherung der Qualität gewährleisten zu können, sollten diese nur von Fachpersonal durchgeführt werden. Empfehlenswert wäre die Durchführung von Kursen innerhalb der Arbeitszeit. Die wenigsten Beschäftigten nehmen nach ihrer Arbeit an betrieblichen Angeboten teil. In der Arbeitszeit kann jeder Beschäftigte erreicht werden.

Das soziale Umfeld, sowie die soziale Integration beschreibt Kaluza, als wichtigste Ressource der Stressbewältigung (Kaluza, 2014, S. 264). In der Praxis wurde das Teamgefühl als einer der Stressoren genannt. Ziel der Maßnahme ist es, in Beschäftigten ein zufriedenes Teamgefühl zu erwecken. Gemeinsame Mittagspausen stärken den Zusammenhalt im Team, ebenso sollten regelmäßige Teammeetings eingeführt und abgehalten werden. Begünstigt wird das Teamgefühl ebenfalls durch gemeinsame Sport- und Freizeitangebote, welche die Praxis plant und durchführt. Über solche Maßnahmen erlernen die Beschäftigten auch eine Kommunikation zwischen einander. Auch hier sollte die Maßnahme dauerhaft eingesetzt werden, um die Qualität und deren gewünschte Erfolge sichern zu können.

Als Physiotherapeut leisten alle hohe emotionale Arbeit, welche sich auch in der Verantwortung widerspiegelt. Dies bedeutet, dass sie ihre gezeigten Gefühle nach betrieblichen Vorgaben ausrichten müssen und nicht nach dem eigenen Befinden. Erholung im Kontext, bedeutet nicht nur Erholung von, sondern auch für die Arbeit und steht somit im Interesse der Unternehmen, der Führungskräfte und natürlich der Beschäftigten selbst. Ziel muss es sein, durch arbeitsgestalterische Maßnahmen, für ein Gleichgewicht zwischen Erholung und Arbeit zu sorgen. Diese Erholung sollte in Form von regelmäßigen Pausen oder Entspannungstechniken an die Beschäftigten kommuniziert werden.

Ebenso sollten um den Perfektionismus relativieren zu können, die Einstellung der Beschäftigten überdacht werden. Solche Einstellungen spielen in Form von absolutistischen Ansprüchen an sich selbst eine wichtige Rolle, für das individuelle Stressleben. Nach Kaluza (2014, S. 264) beruhen sie auf einer Übersteigerung normaler menschlicher Motive. In einem Workshop können Mitarbeiter ihre Einstellung vom negativen zu positiven umwandeln. Solche Workshops sollten einmal pro Woche, in einem Zeitraum von drei Monaten, mit allen Beschäftigten statt finden.

Dem Stressor Aufstiegschancen kann präventiv eingegriffen werden, indem an der Einstellung der Beschäftigten gearbeitet wird. Das Ziel und die dazugehörige individuelle Maßnahme sind hier die Erarbeitung eigener Chancen, sowie eine dauerhafte Zufriedenheit. Der Beschäftigte sollte eine positive Zukunftsvision als Stressbewältigungsmaßnahme erarbeiten. Diese bewirkt, indem sie sinn- und identitätsstiftend, selbst eine wichtige Ressource der Stressbewältigung darstellt und hilft, eigene Prioritäten zu finden. Ergänzend sollten die Beschäftigten lernen, Anforderungen als Herausforderung auf dem Weg zum Ziel wahrzunehmen und die eigene Stresstoleranz zu erhöhen (Kaluza, 2014, S. 265).

Um ein strukturelles Stressmanagement einführen zu können, muss an verschiedenen Ansätzen gearbeitet werden. Zu beachten ist auch hier, dass Maßnahmen und deren Ziele als laufende Prozesse, auch angepasst und verändert werden müssen.

Im KFZA Fragebogen gibt es, wie schon erwähnt, die Möglichkeit Anmerkungen zu hinterlassen. In regelmäßigen Mitarbeitergesprächen sollten genau diese Anmerkungen bearbeitet, geprüft, angepasst oder optimiert werden. Ebenso sollte eine Stellenbeschreibung immer ein laufender aktueller Prozess sein. Nach den Mitarbeitergesprächen ergeben sich für die Beschäftigten möglicherweise neue Aufgabenbereiche. Diese sollten um die Verantwortung zu deklarieren, festgehalten werden.

Die Stellenbeschreibung sollte der erste Schritt für ein strukturelles Management sein. Sie gibt Auskunft über den aktuellen Tätigkeitsbereich eines Beschäftigten und definiert klare Verantwortungsbereiche. Sie sollte relativ Zeitnah nach der Befragung zusammen mit Geschäftsführer und Therapeuten erarbeitet werden.

Weitere strukturelle Maßnahmen sind die Einführung eines Organigramms. Dieses verhilft den Beschäftigten ihren Verantwortungsbereich und ihre Aufstiegschancen besser verdeutlichen zu können. Das Programm kann in einem Intranet, in dem ebenfalls Kommunikationsmöglichkeiten für die Beschäftigten zur Verfügung stehen, erstellt und dokumentiert werden. Klare Kommunikationsstrukturen bieten eine gute Orientierung für alle betrieblichen Akteure und helfen Abstimmungsprobleme und redundante Tätigkeiten vermeiden zu können.

Um strukturelle Stressoren lösen zu können, sollte wie oben erwähnt auch ein Notfallplan für Termindruck oder Ausfallzeiten ein geführt werden. Dieser sollte in einem Workshop mit allen Beschäftigten erarbeitet und dokumentiert werden. Wichtig hierbei ist, dass er an alle Beschäftigten kommuniziert und von innen verstanden und umgesetzt wird. Für die Erstellung ist ein Workshop ausreichend, jedoch sollte auch hier beachtet werden, dass ein Notfallplan ein laufender Prozess ist, welcher auf Dauer angepasst oder verändert werden kann.

Zusammengefasst muss beachtet werden, dass die Einführung einer Intervention zur Stressbewältigung einen sehr großen zeitlichen Rahmen benötigt. Grundsatz ist, dass nach der Pre-Messung, Maßnahmen gemeinsam erarbeitet und dokumentiert werden. Im Nachgang werden diese in der Post-Messung verglichen. So wird ersichtlich welche Maßnahmen wirksam waren, welche noch Bedarf benötigen und wie mit dem Maßnahmen auf Dauer umgegangen wird. In einem Unternehmen hat jeder seinen Beitrag zur Qualitätssicherung zu leisten, nur so kann ein positiver Effekt einer Maßnahme ein treten. Somit setzt eine Evaluation an dem individuellen sowie dem strukturellen Stressmanagement an.

5. Literaturverzeichnis

Kaluza, G. (2014). *Stress und Stressbewältigung. Stressbewältigungstraining kann körperliche Beschwerden und negative psychische Befindlichkeit reduzieren sowie die individuelle Bewältigung von Belastungen fördern.* Zugriff am 07.08.2018. Verfügbar unter https://gkm-institut.de/files/ueber-gkm/publikationen/aktuell/Erfahrungsheilkunde-kaluza.pdf

Kaluza. G. (2018). *Stressbewältigung - Trainingsmanual zur psychologischen Gesundheitsförderung.* Korrigierte 4. Auflage, Berlin, Springer.

Kurzfragebogen zur Arbeitsanalyse (2018). *KFZA.* Zugriff am 1.8.2018. Verfügbar unter https://fragebogen-arbeitsanalyse.at/help

Lanwehr, R. & Mayer, J. (Hrsg.). (2018). *People Analytics im Profifußball. Implikationen für die Wirtschaft.* 1. Auflage, Springer Gabler.

Parin, E. & Jäckel, W.H. (2005). *Qualitätssicherung in der medizinischen Rehabilitation* Springer Medizin Verlag Heidelberg.

Prümper, J., Hartmannsgruber, K. & Frese, M. (1995). KFZA - Kurzfragebogen zur Arbeitsanalyse. *Zeitschrift für Arbeits- und Organisationspsychologie 39 (N.F..13)3.* Verlag für Angewandte Psychologie, Sonderdruck, Hogrefe-Verlag, Göttingen.

Sarges, W., Wottawa, H. & Roos, C. (2010). *Handbuch wirtschaftspsychologischer Testverfahren* (Bd. Band II Organisationspsychologische Instrumente Lengerich Passt Science Publishers.

Zedler, C. M. (2012). *Das Transaktionale Stressmodell nach Lazarus* (Fortsetzung) Zugriff am 03.08.2018. Verfügbar unter https://www.burnout-info.ch/stressmodell_lazarus_2.htm

6. Abbildungs- und Tabellenverzeichnis

6.1. Abbildungsverzeichnis

Abb. 1: Fragebogen KFZA; Ausschnitt Weiterbildungsmöglichkeiten, (fragebogen-arbeitsanalyse, 2018) S.7

Abb. 2: Fragebogen KFZA; Ausschnitt; Kommunikation (fragebogen-arbeitsanalyse, 2018) S.8

Abb. 3: Fragebogen KFZA; Ausschnitt; Raum für Kommunikation (fragebogen-arbeitsanalyse, 2018) S.10

Abb. 4: Multimodales Stressmanagement nach Kaluza, (gmk-institut, 2014) S.12

6.2. Tabellenverzeichnis

Tab. 1: Individuelles Stressmanagement; Zeitdruck S.15

Tab. 2: Strukturelles Stressmanagement; Zeitdruck S.16

Tab. 3: Individuelles Stressmanagement; Teamgefühl S.17

Tab. 4: Strukturelles Stressmanagement; Teamgefühl S.18

Tab. 5: Individuelles Stressmanagement; Aufstiegschancen S.19

Tab. 6: Strukturelles Stressmanagement; Aufstiegschancen S.20

Tab. 7: Individuelles Stressmanagement; Verantwortungsbewusstsein S.21

Tab. 8: Strukturelles Stressmanagement; Verantwortungsbewusstsein S.21

Tab. 9: Individuelles Stressmanagement; Ausfallzeiten S.22

Tab. 10: Strukturelles Stressmanagement; Ausfallzeiten S.23

Tab. 11: Untersuchungsplan S.24

Tab. 12: Zeitlicher Untersuchungsplan S.26

BEI GRIN MACHT SICH IHR WISSEN BEZAHLT

- Wir veröffentlichen Ihre Hausarbeit, Bachelor- und Masterarbeit

- Ihr eigenes eBook und Buch - weltweit in allen wichtigen Shops

- Verdienen Sie an jedem Verkauf

Jetzt bei www.GRIN.com hochladen und kostenlos publizieren